ベターホームの
Sweets Cafe Recipe
作って ほめられる お菓子

こんにちは。
スイーツカフェへようこそ。
店主のハニーベアーです。

うちのお菓子は全部手作りです。
お客さんが、にこにこ顔で驚いてくれるのが、
何よりうれしくて…。

みなさんにも、レシピを教えましょう。
だれかのために、
お菓子を作って、ほめてもらえたら
ハッピー！ ハッピー！

Name : Honey Bear
Date of birth : October 1, 2000
My favorite things : Sweets & Singing
Weak point : Bee
The home : Forest

ベターホームの　Sweets Cafe Recipe
作って ほめられる お菓子
Contents

おやつケーキ 8
- 4/4ケーキ …………14
- みかんケーキ …………16
- 栗とラム酒のケーキ …………20
- さつまいものメープルマフィン …………24
- ブルーベリーチーズマフィン …………26
- ゆずマドレーヌ …………28
- クリスマスマドレーヌ …………32

チョコプレゼント 36

- マーブルチョコマフィン …………38
- チョコブラウニー …………40
- ガトーショコラ …………42

すてきデコレーション 44
- いちごショートケーキ …………50
- レモンクリームケーキ …………54
- フォレノワール …………58
- チョコクリームとくるみのケーキ …………62

くるくるロール 67

- フルーツロールケーキ…………68
- ココアロールケーキ…………72

クッキーどうぞ 76

- サムプリントクッキー…………78
- スペキュロス…………80
- 型抜きクッキー…………82
- アイスボックスクッキー…………84
- ピーナッツソルトクッキー…………86
- レーズンバターサンドクッキー…………88

あこがれケーキ 92

- 小さなタルトタタン…………94
- モンブラン…………98
- ぶどうのタルト…………102
- フォンダン・ショコラ…………106
- ニューヨークチーズケーキ…………110

- レシピにないレシピのはなし…………4
- 準備ができれば、半分終わり！…………6
- バターケーキの生地作りノート…………10
- バターケーキの焼き方ノート…………12
- スポンジケーキの生地作りノート…………46
- スポンジケーキの焼き方ノート…………48
- 生クリームの泡立てノート…………66

お菓子を紹介するまえに①

レシピにない、レシピのはなし
私が大切にしていること、教えましょう。

メインの材料のこと

egg 卵

基本サイズはMです。MでもLでも卵の卵黄は20gくらいで、大きいものは主に卵白が増えます。

fresh cream 生クリーム

乳脂肪分が35〜45％のものを使います。乳脂肪分の高いほうがコクがありますが、泡立てると急にかたくなって分離しやすいので注意が必要(p.66)。

pastry flour 薄力粉

ご紹介したレシピは主に、小麦粉のうちの薄力粉を使います。軽い口当たりに仕上がります。

sugar 砂糖

主に上白糖を使います。グラニュー糖は上白糖より雑味がなく、上品な甘味のお菓子やクリームなどに使っています。口溶けのよさから粉糖を使う場合もあります。砂糖はケーキのふくらみや焼き色にもかかわるので、むやみに減らさないように。

butter バター

「食塩不使用」のバターを使います。家で食べる気楽なおやつなら「有塩バター」や「ケーキ用マーガリン」でもよいでしょう。バターは風味が落ちやすいので、冷凍保存しても。前もって冷蔵庫に移して解凍します。

「おいしい！」の笑顔が見れるから、お菓子作りはやめられません。

のがしやすいポイント

テンポ・タイミング・温度

お菓子成功の鍵はいくつかありますが、レシピで伝わりにくいのが、テンポやタイミング、そして温度でしょう。
「生地作りはテンポよく」「オーブンの予熱はタイミングよく」「溶かしバターの温度できめが違う」などなど。
でもこれ、経験しないとわからないですね。何度か作るうちにコツがつかめます。

オーブン

オーブンはお菓子のできあがりを大きく左右します。まずは、この本のシンプルなスポンジケーキ(p.52、56)などを作ってみて、自宅のオーブンの温度や焼きムラを確認し、慣れていきましょう。

この本のきまり

- ●計量の単位
 小さじ1＝5㎖　大さじ1＝15㎖
- ●オーブン
 電気オーブンの温度と時間のめやすです(かっこ内にガスオーブンの温度めやすを表記。電気より10℃ほど下げる)。
- ●電子レンジ
 加熱時間は500Wのめやす時間です。600Wなら加熱時間を0.8倍、700Wなら0.7倍にしてください。

お菓子を紹介するまえに②

準備ができれば、半分終わり！

お菓子作りは「材料をそろえるのが面倒」と思いがち。
いえいえ逆に「準備ができれば半分終わった」と思っていいですよ。
あとは一気に作れます。

1 卵は室温にもどす。

この本では、卵を冷蔵庫から出して室温にもどしておくレシピが多くあります。その理由は、バターに混ぜるときに卵が冷たいと、バターが固まってしまったり、混ざりにくかったりするからです。

2 バターを室温にもどす。

バターをすり混ぜる生地の場合は、適度なかたさがポイント。冷蔵庫から出したてでは、かたくて混ぜられませんが、溶けすぎたバターは冷やして固めても元の状態には戻らないので注意。

2' バターを湯せんにかける。

バターを溶かして生地に加える場合、生地によって、最適なバターの温度が異なります。それぞれのレシピに従いましょう。溶かすときはバターの器に水や湯気が入らないようにします。器が熱くなるので、やけどに気をつけましょう。

3 型に型紙を敷く。

底と側面に型紙をセットします。ふくらみを考えて上は型より1〜2cm高くします。型紙にはクッキングシートや製菓用のグラシン紙を使います。

丸い型用

四角い型用

4 薄力粉や砂糖はふるう。

ダマを除く、粉をミックスする目的だけではありません。粉をふるっておくと空気が入ってふんわりとし、生地に混ぜこみやすく、混ぜる回数も抑えられます。

5 オーブンは予熱しておく。

オーブンに生地を入れたら、適温で焼き始めるのが鉄則。低い温度からだと、バターが先に溶けたり、泡が消えたりして、ふくらみが悪くなります。

おやつケーキ

焼きっぱなし系のお菓子は、
こっくり素朴な味わいが魅力。
さあ、おやつの時間ですよ〜♪

sweets cafe recipe **2** p.16
みかんケーキ
Mandarin orange cake

sweets cafe recipe **1** p.14
4/4ケーキ
Quatre-Quarts

さつまいものメープルマフィン
Sweet potato maple muffins

sweets cafe recipe **4** p.24

栗とラム酒のケーキ
Chestnut rum cake

sweets cafe recipe
3
p. 20

ブルーベリーチーズマフィン
Blueberry cheese muffins

sweets cafe recipe
5
p. 26

ゆずマドレーヌ
Yuzu madeleine

sweets cafe recipe
6
p. 28

クリスマスマドレーヌ
Christmas madeleine

sweets cafe recipe
7
p. 32

バターケーキの生地作りノート

"おやつケーキ"にはバターを主材料にする生地がぴったり。
そのメインの作り方をご紹介しましょう。コツは"混ぜる"。

すり混ぜる＝材料に空気を含ませる

1
室温にもどしたバターをすり混ぜていく。バターは、「指で押すと、抵抗がありながらも下まで跡がつく」くらいのかたさから始める。

2
バターをハンドミキサー（または大きめの泡立器）ですり混ぜる。砂糖を数回に分けて加え、1回加えるたびに充分にすり混ぜる。同時に生地に空気を含ませる。

3
白っぽくなった生地に、とき卵を大さじ1くらいずつ加えて混ぜる。加えるたびによく混ぜ、なめらかになったら次を加える。

バターは溶けすぎると空気をだきこみにくく、あとで加える卵が分離しやすくなります。
すり混ぜには、初心者はハンドミキサーがおすすめですが、泡立器を使う場合は大きめなもので（バターが溶け出さないうちに手早く）。

すり混ぜる時間の大まかなめやすは以下のとおり。たとえば約100gのバターに同量の砂糖を2〜3回に分けて加えると、全部混ぜるのにミキサーの高速で4分ほどかかります。作り方3の卵は、2個分を加えるのに4〜5分かかります。

とき卵は水分が多いので、バターに一度にたくさん加えると分離しがちです。「少し加えてはしっかり混ぜてなめらかにする」をくり返すのが、分離を防ぐコツ。
また、砂糖の割合を減らしたり、卵を多くしたりすると、より分離しやすくなります。

めざすは
この生地!

すくって返して混ぜる＝生地をつぶさない

4

全部混ざると、なめらかでふわふわとした生地になる。

作り方2に比べると、生地のかさは倍以上になります。

5

ゴムべらにかえて、粉を全部を加えて混ぜる。ボールにそって生地を"底からすくい上げて、上で返す"ように混ぜる。ボールを回しながらリズミカルにくり返す。

粉の混ぜ方もポイント。生地に入った空気をつぶさないためには、ボールにそって生地をすくって上で返す動作で。

6

粉気がなくなってから、さらに数十回混ぜる。写真のように"つややかな"生地になったら完了。

"つややか"なのは粉に粘度が出て生地につながりができた証拠。これ以上混ぜると粘度が高くなりすぎ、ふくらみが悪くなります。

バターケーキの焼き方ノート

焼き時間の2/3くらいから焼き色がついてきます。その感じを覚えて。

詰める → トン → オーブン の3拍子

7

型に詰める。まず、生地少々をのりがわりにつけて型紙をとめる。作り方6の生地をすき間がないように入れ、表面を平らにならす。

生地がベストな状態で、すぐに焼きたいので、型詰めはてきぱきと。なお、ケーキの中央をあまりふくらませたくない場合は、中央を少しへこませておきます。

8

型を10cm高さから台にトンと1度落として、生地のすき間をなくす。

バターケーキの生地は流れこみにくいので、型詰めする際にすき間があくことも。トンと落としてふさぎます。

9

すぐに予熱しておいた適温のオーブンに入れて焼き始める(温度が低いうちに入れると、バターが先に溶けてふくらまない)。

オーブンに入れたらオーブンの扉は基本的に開けません。が、中のようすは時々確認します。
焼き時間の2/3ほどたつと表面に焼き色がつき始め、形が定まってきます。そこまできて焼きムラができそうな場合は、ケーキの前後を手早く入れ替えます(やけどに注意)。

チェック → トン → 網 の3拍子

10

焼きあがりは、竹串を中央に刺してみて確認。生っぽい生地がついてこなければOK。

焼きあがり近くになると、香りが立ってくるので、これもサインです。もう少し焼きたいけれど、表面の色はつけたくない場合は、アルミホイルをかぶせて焼きたします。

11

すぐに型を10cm高さから台にトンと1度落として、中の水蒸気を一気に抜く。これで焼き縮みが抑えられる。

12

型をはずし、網にのせてさます。完全にさめたら、型紙をはずし、乾燥しないようにラップで包むか、ポリ袋に入れる。

※バターケーキは冷凍可能（約1か月）。ラップに包み、保存袋に入れて冷凍。室温で解凍。

Quatre-Quarts
4/4ケーキ

sweets cafe recipe 1

このケーキの本名は「カトル・カール」。
"¼が4つ"という意味のフランス語です。
由来はバター、砂糖、卵、小麦粉の4つの材料を同量ずつ使うからで、
配合が覚えやすいでしょ。コクのある素朴な味。
白いアイシングで少しおめかしします。

あと味がさっぱりした"ルイボスティー"と合わせてみました。

生地を作る

①〜④はp.10〜13を参照して作る。

① バターをハンドミキサーですり混ぜる。砂糖を3回に分けて加え、加えるたびによくすり混ぜる。白っぽくなったら、とき卵を大さじ1くらいずつ加え、加えるたびによく混ぜてなめらかにする。
② ゴムべらにかえて、Aを加え、ボールの底からすくい上げて返すように混ぜる。粉気がなくなり、つやよくなったら完了。
③ 生地を型に入れ、表面を平らにする。型をトンと落とす。オーブンに入れる。

オーブンで焼く

オーブン／180℃（ガス170℃）で約40分焼く。
④ 中央に竹串を刺して、生の生地がついてこなければ焼きあがり。型をトンと落として蒸気を抜く。型をはずして網にのせ、さます。

アイシングをかける

⑤ ケーキがさめたらアイシングを作る。粉糖をボールに入れ、レモン汁を加減しながら加え、リボン状に流れる程度のかたさにする（かたいと流れず、ゆるいと固まりにくい）。
⑥ アイシングをケーキの中央にかけ、自然に流す。スプーンの背で軽く整える。アイシングは少しおくと固まる。

※アイシングが完全に固まったら、ラップでくるみ、涼しいところで約4日保存可。冷凍も可（室温で解凍）。

材料

[直径15cmの丸型*1個分]

〈生地〉
バター**…110g
砂糖…110g
卵…2個
A ┌ 薄力粉…110g
　└ ベーキングパウダー…小さじ1/3

〈アイシング〉
粉糖…60g
レモン汁…
　大さじ1弱（レモン約1/2個分）

*18×8×6cmのパウンド型でも同様に作れる。
**生地のおいしさが決め手のケーキなので、発酵バターで作ると風味が一段とよい。

準備

❶ バターは薄めに切ってボールに入れ、室温にもどす（指で押して跡がつくくらいに）。
❷ 卵は室温にもどし、直前によくときほぐす。
❸ Aは合わせて2回ふるう。砂糖は1回ふるう。
❹ 型に型紙を敷く。
❺ オーブンは180℃（ガスなら170℃）に予熱する。

Mandarin orange cake
みかんケーキ

輪切りの表情が可愛らしいでしょう？
軽い歯ざわりのバターケーキに、
みかんの果汁をたっぷりしみこませ、
控えめながら香りを生かしました。

皮が薄めでぶかぶかしていない
小ぶりのみかんがよく合います。
うちでは、冬場に"みかんくず湯"とセットでお出しします。
体が温まりますよ。

Drink recipe | みかんくず湯〔1杯分〕／小鍋にくず粉大さじ1を同量の水でとく。100％のみかんジュース150㎖、砂糖小さじ1を加える。混ぜながら中火にかけ、とろりとしたら火を止める。

sweets cafe recipe
2

sweets cafe recipe No.2 | Mandarin orange cake

How to make →

みかんケーキの作り方

材料

[18.5cm角型1個分]

〈生地〉
バター…110g
砂糖…100g
卵…2個
A [薄力粉…120g
　　ベーキングパウダー…小さじ⅓]
みかんの果汁*…大さじ1½
みかん（輪切り）*…9枚
　グラニュー糖…大さじ1
〈シロップ〉
B [みかんの果汁*…大さじ3
　　砂糖…大さじ2]
グランマルニエ**…大さじ½

*みかんは小ぶりのもの（1個約70g）を全部で約5個使用。右列〈みかんの準備〉を参照。
**コニャックとオレンジが原料のオレンジリキュール。コアントローでも。

準備

❶ バターは薄めに切ってボールに入れ、室温にもどす（指で押して跡がつくくらいに）。
❷ 卵は室温にもどし、直前によくときほぐす。
❸ Aは合わせて2回ふるう。砂糖は1回ふるう。
❹ 型に型紙を敷く。
❺ オーブンは180℃（ガスなら170℃）に予熱する。

みかんの準備

みかんはよく洗い、皮をつけたまま5mm厚さの輪切りを9枚をとり、グラニュー糖をふっておく。残りのみかんは横半分に切り、果汁70mlをしぼり、生地用とシロップ用に分ける。

生地を作る

①〜⑤はp.10〜13を参照して作る。

① バターをハンドミキサーですり混ぜる。砂糖は3回に分け、とき卵は大さじ1くらいずつ、順に加えてなめらかにする。

② ゴムべらにかえて、Aを加え、ボールの底からすくい上げて返すように混ぜる。粉気がなくなったら、みかんの果汁大さじ1½を加え、同様に混ぜる。

③生地につやが出てきたら(上写真)、型に入れる。すみずみまで入れ、表面を平らにする。

④輪切りのみかんを並べる。型をトンと落として生地のすき間をなくす。

オーブンで焼く

オーブン／180℃(ガス170℃)で約30分焼く。
⑤中央に竹串を刺して、生の生地がついてこなければ焼きあがり。

シロップを塗る

⑥焼いている間にシロップを作る。小鍋にBを合わせ、混ぜながら火にかける。中心まで沸騰したら器にあけてさまし、グランマルニエを加える。

⑦ケーキが焼きあがったら、型をトンと落として蒸気を抜く。

⑧熱いうちに、ケーキの上面にシロップを塗る。あら熱がとれたら、型をはずし、網にのせてさます。

※さめれば食べられるが、ラップでくるんで冷蔵庫に1日おくと、しっとりとして美味。約3日保存可。冷凍も可(室温で解凍)。

Chestnut rum cake
栗とラム酒のケーキ

栗をたっぷり使った贅沢なケーキ。
多めに入れるラム酒の香りが、
ケーキの甘さを大人っぽく演出します。

パウンド型のシンプルな形は好評ですよ。
おともはカフェ・オレ。濃いめのコーヒーでいれます。

 Drink recipe | カフェオレ〔2杯分〕／コーヒーの粉は山盛り大さじ2杯をドリッパーにセット。熱湯200mℓ分から少量をそそいで1分弱むらす。残りの湯を少しずつそそいでコーヒーを抽出し、カップへ。牛乳180mℓを沸騰直前まで温めてそそぐ。

sweets cafe recipe

3

sweets cafe recipe No.3 | Chestnut rum cake

How to make →

栗とラム酒のケーキの作り方

材料

[18×8×6cmのパウンド型1個分]

〈生地〉
栗の甘露煮…120g
バター…100g
砂糖…80g
卵…2個
A ┌ 薄力粉…100g
　└ ベーキングパウダー…小さじ1/3
B ┌ はちみつ…大さじ1
　└ ラム酒*…大さじ1
〈仕上げ用〉
ラム酒…大さじ1

*ラム酒には、ダークとホワイトがありますが、ここでは濃厚な味わいのダークがおすすめ。

準備

❶ バターは薄めに切ってボールに入れ、室温にもどす（指で押して跡がつくくらいに）。
❷ 卵は室温にもどし、直前によくときほぐす。
❸ Aは合わせて2回ふるう。砂糖は1回ふるう。
❹ 型に型紙を敷く。
❺ オーブンは170℃（ガスなら160℃）に予熱する。

栗とシロップの準備

栗は汁気をふいて、7〜8mm角に切る。栗の1/5量はトッピング用にとり分ける（残りは中身用）。Bは合わせておく。

生地を作る

①〜⑤はp.10〜13を参照して作る。

① バターをハンドミキサーですり混ぜる。砂糖は3回に分け、とき卵は大さじ1くらいずつ、順に加えてなめらかにする。

② 全体が混ざったら、Bを加えてムラなく混ぜる（砂糖の割合が少なめなので、生地が少しモロモロと分離ぎみになるが、③で粉が入ればつながるので大丈夫）。

③中身用の栗にAの粉の約¼量をまぶし（沈みにくくなる）、これを②に加えて、ゴムべらで、底からすくい上げて返すようにして混ぜる。残りのAも加え、粉気がなくなるまで混ぜる。

⑤中央に竹串を刺して、生の生地がついてこなければ焼きあがり。型をトンと落として蒸気を抜く。

④生地を型に入れ、表面をならす。型をトンと落とす。最後にトッピング用の栗をのせる。

オーブンで焼く

オーブン／170℃で25〜30分焼き、薄めの焼き色がついたら160℃に下げて、さらに15〜20分焼く（ガス160℃→150℃）。

ラム酒を塗る

⑥型から出して網にのせ、熱いうちに、仕上げ用のラム酒を全面に塗る。さます。

※さめたらラップでくるむ。焼いてから1日おくと、よりしっとりしておいしい。涼しいところで4〜5日保存可。冷凍も可（室温で解凍）。

Sweet potato maple muffins
さつまいものメープルマフィン

sweets cafe recipe 4

おいもがホコ、ごまがプチ…
ほおばる口の中が楽しいマフィンです。
コクがあってしっとりしているのは
牛乳とメープルシロップが入っているから。
材料をそろえれば、あとはワンボールで混ぜるだけです。

和テイストのマフィンに、ほうじ茶はいかがでしょう。縁側気分のお三時になりそう。

材料

[直径5cm高さ4.5cmの耐熱性の紙ケース・5～6個分]

さつまいも…150g
バター…60g
砂糖…50g
卵…1個
A [薄力粉…100g
    ベーキングパウダー…小さじ1]
牛乳…大さじ2
メープルシロップ…大さじ3（65g）
いりごま（黒）…大さじ½

準備

❶ さつまいもは皮ごと1.5cm角に切り、水に30分ほどさらす。水気をきって耐熱皿に並べ、ラップをかけて、電子レンジで約3分（500W）加熱する。さます。
❷ バターは薄めに切ってボールに入れ、室温にもどす（指で押して跡がつくくらいに）。
❸ 卵は室温にもどし、直前によくときほぐす。
❹ Aは合わせて2回ふるう。砂糖は1回ふるう。
❺ 薄い紙ケースは、マフィンやプリンのカップ型に敷く（p.27下写真参照）。
❻ オーブンは190℃（ガスなら180℃）に予熱する。

生地を作る

①～⑤はp.10～13を参照して作る。

① バターをハンドミキサーですり混ぜる。砂糖を2回に分けて加え、加えるたびによくすり混ぜる。白っぽくなったら、とき卵を大さじ1くらいずつ加え、加えるたびによく混ぜてなめらかにする。

② ゴムべらにかえる。Aと牛乳を分けて、交互に加えて混ぜる（A→牛乳→A→牛乳→A）。ボールの底からすくい上げて返すように混ぜる。

③ 粉気がなくなったら、メープルシロップ、いもとごまを順に加え、同様に混ぜる（いもとごまは飾り用に少し残す）。
④ ケースに生地を等分に入れ、表面を平らにして、いもとごまをのせる。

オーブンで焼く

オーブン／190℃（ガス180℃）で約20分焼く。
⑤ カップ型からはずし、網にのせてさます。

※ラップでくるみ、涼しいところで約2日保存可。冷凍も可（室温で解凍）。

Blueberry cheese muffins
ブルーベリーチーズマフィン

sweets cafe recipe 5

卵1個で作れる分量なので、思い立ったときにすぐに作れます。
クリームチーズとヨーグルトが入っていて、
その酸味であと味が軽く、1個2個はすぐに食べてしまいそう。
おやつにもブランチにもおすすめです。

手軽なティーバッグのときも、カップの受け皿でふたをしてむらすと、紅茶の香りが立ちますよ。

材料

[直径5cm高さ4.5cmの耐熱性の紙ケース・5個分]

バター…60g
砂糖…60g
卵…1個
A [薄力粉…120g
    ベーキングパウダー…小さじ1]
プレーンヨーグルト…50g
ブルーベリー*…50g
クリームチーズ…
　個包装2個（約35g）

*写真のブルーベリーは生。冷凍の場合は凍ったまま加えて焼くが、しみ出す色素が反応して黒紫っぽい色になる。

準備

❶バターは薄めに切ってボールに入れ、室温にもどす（指で押して跡がつくくらいに）。
❷卵は室温にもどし、直前によくときほぐす。
❸Aは合わせて2回ふるう。砂糖は1回ふるう。
❹クリームチーズは7～8mm角に切り、べとつくので冷蔵庫で冷やしておく。
❺薄い紙ケースは、マフィンやプリンのカップ型に敷く（右写真参照）。
❻オーブンは180℃（ガスなら170℃）に予熱する。

生地を作る

①～④はp.10～13を参照して作る。

①バターをハンドミキサーですり混ぜる。砂糖を2回に分けて加え、加えるたびによくすり混ぜる。白っぽくなったら、とき卵を大さじ1くらいずつ加え、加えるたびによく混ぜてなめらかにする。

②ゴムべらにかえ、Aとヨーグルトを分けて、交互に加えて混ぜる（A→ヨ→A→ヨ→A）。ボールの底からすくい上げて返すように混ぜる。粉気がなくなったら、ブルーベリーとチーズを加え、ざっくりと混ぜる。

③ケースに生地を等分に入れ、表面を平らにする。

オーブンで焼く

オーブン／180℃（ガス170℃）で約25分焼く。
④カップ型からはずし、網にのせてさます。

※ラップでくるみ、涼しいところで約2日保存可。冷凍も可（室温で解凍）。

Yuzu madeleine
ゆずマドレーヌ

市販のケーキにはあまりない
"ゆず"というのが手作りならでは。
とはいえ時期を問うので、
代わりに紅茶でも作れるレシピをつけました。

溶かしバターで作る生地はしっとりずっしり。
かんたんですが、
生地を休ませる時間をとるのは
おいしく作るポイントなので守ってくださいね。
やさしい花の香りのカモミールティーとどうぞ。
カモミールの香りにはリラックス効果があるといわれます。

ゆずマドレーヌの作り方

材料

[容量約30mlの型*8個分]

- A ┌ 薄力粉…40g
    │ アーモンドプードル**…20g
    └ ベーキングパウダー…小さじ¼
- 砂糖…40g
- 塩…少々
- 卵…1個
- バター…45g
- ゆず…¼個（30g）
  砂糖…大さじ1

*ここでは金属製の貝殻（シェル）型を使って生地を抜き出す。厚手のアルミケースで焼きっぱなしにしても。
**アーモンドを粉末状に加工したもので、味にコクが出る。省くなら、薄力粉を50gにする。

準備

❶卵は室温にもどし、直前にときほぐす。
❷Aは合わせて2回ふるう。砂糖は1回ふるう。
❸型に詰める段階で、オーブンは170℃（ガスなら160℃）に予熱する。

型と、ゆず、バターの準備

金属製の型は型離れをよくするために、バター少々（材料外）を薄く塗り、茶こしで薄力粉少々（材料外）をふって余分な粉を落とし、冷蔵庫に入れておく。

※アルミケースやシリコン加工の型なら不要。

ゆずは種を除き、果汁をしぼる。皮とわたをきざみ、果汁と合わせて耐熱容器に入れ、砂糖大さじ1を混ぜる。電子レンジで約40秒（500W）加熱する（ラップなし・左写真）。バターは湯せんにかけ、溶かす。時々弱火にかけ、熱い状態（50〜60℃）にしておく。

生地を作る

①ボールにAと砂糖40g、塩を入れて泡立器で混ぜる。とき卵を加えて、粉気がなくなるまでよく混ぜる。

②温めておいた溶かしバターを加え、ムラなく混ぜる（バターの器は熱くなっているので注意）。

③とろりとしたら、準備したゆずを加えて混ぜる。ラップをかけて、涼しいところに30分ほどおき、生地を休ませる（きめが細かくなり、口当たりがよくなる）。

④生地を型の八～九分目まで入れる。

オーブンで焼く

オーブン／170℃（ガス160℃）で約20分、表面に焼き色がつくまで焼く。

※型の容量が多いときは、焼き時間を数分長めにしてようすを見る。

⑤焼きあがったら、1～2分おき、竹串で型からはずす（型が熱いので注意）。網にとり、さます。

※ラップでくるみ、涼しいところで約3日保存可。冷凍も可（室温で解凍）。

紅茶のマドレーヌ

ゆずに代えて、紅茶を加えます。
＜作り方＞ティーバッグ1袋（2g）から茶葉（細かいもの）を出して耐熱容器に入れ、水大さじ1を加えて、電子レンジで約30秒（500W）加熱（ラップなし）。これを、作り方③で加える（ほかの材料・手順は同じ）。

Christmas madeleine
クリスマスマドレーヌ

お菓子の型はいろいろ。同じ生地でも形次第で、
「かわいい！」と人目をひきます。
食べる人のそんな驚きを予想して作るのが、
お菓子作りの楽しみですね。

生地が焼けて、アイシングで絵を描く段になると、
ウキウキしちゃいます。
やさしい味のミルクティーとめしあがれ。
ミルクティーのいれ方はうんちくが分かれます。
常温のミルクに熱い紅茶をたっぷりそそぐのが
ポピュラーなよう。

クリスマスマドレーヌの作り方

材料

[約11×9×2.5cmのツリー型*6個＋直径約5cmのアルミケース5個分]

〈生地〉
A ┌ 薄力粉…120g
　└ ベーキングパウダー…小さじ½
砂糖…90g　塩…小さじ⅙
卵…2個
B ┌ バター…100g
　└ はちみつ…30g
レモン汁…小さじ2
バニラオイル…少々
〈アイシング・飾り〉
粉糖…40g
C ┌ 水…小さじ½弱
　└ レモン汁…小さじ1
クッキングシート（15×20cm）…1枚
アラザン…適量

＊ここでは金属製の厚手のツリー型を使って生地を抜き出す。厚手のアルミケースで焼きっぱなしにしても。

準備

❶卵は室温にもどし、直前によくときほぐす。
❷Aは合わせて2回ふるう。砂糖は1回ふるう。
❸ツリー型にバター少々（材料外）を薄く塗り、茶こしで薄力粉少々（材料外）をふるって、余分な粉を落とす。冷蔵庫に入れておく。
❹型に詰める段階で、オーブンは200℃（ガスなら190℃）に予熱する。

バターの準備

①鍋に湯を沸かして火を止める。ボールなどの器にBを入れ、湯せんにかけて溶かす。時々弱火にかけ、熱い状態（50〜60℃）にしておく（器は熱いので注意）。

生地を作る

②別のボールにA、砂糖、塩を入れて泡立て器で混ぜる。とき卵を加え、粉気がなくなるまでよく混ぜる。続いて、B、レモン汁、バニラオイルを加えて混ぜる。

③写真のようにとろりとしたら、ラップをかけて涼しいところで約1時間おき、生地を休ませる（きめが細かくなり、口当たりがよくなる）。

④生地を型の七〜八分目まで入れる。

オーブンで焼く

オーブン/入れたらすぐ、予熱の温度を180℃（ガス170℃）に下げて、約18分焼く（型により焼き時間は異なるのでようすをみる）。

⑤中央に竹串を刺して、生の生地がついてこなければ焼きあがり。竹串で型からはずし、網にとってさます。

アイシングを飾る

⑥コルネ型を用意する（右図）。粉糖をボールに入れ、Cを加えてアイシングを作る。Cは加減しながら加え、リボン状にゆっくり流れる程度のかたさに調節する。コルネ型にアイシングを詰める。

⑦アイシングをしぼって生地にもようを描く。アラザンを飾りつけ、乾かす。

※アイシングが完全に固まったら、ラップにくるんで、涼しいところで約3日保存可。冷凍も可（室温で解凍）。

コルネ型の作り方

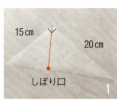

①クッキングシートを約20×15cmの直角三角形に切る。直角の頂点から長い辺に垂直に線を下ろし、ぶつかったところがしぼり口になる。

②その部分に指をあて、長い辺をくるくる巻いて三角すいを作る。

③口先がキュッと細くなるように、クッキングシートの端を引っ張って、三角すいの形を整える。

④アイシングを入れ、入れ口を折る。キッチンばさみでしぼり口の先を少し切る。

チョコプレゼント

手みやげに、ご挨拶に、
そしてバレンタインに
チョコレートのお菓子をどうぞ。
ラッピングできますよ。

sweets cafe recipe
8
p.38

マーブルチョコマフィン
Marble chocolate muffins

sweets cafe recipe
9
p.40

チョコブラウニー
Chocolate brownies

sweets cafe recipe 10 p.42

ガトーショコラ
Gâteau au chocolat

Marble chocolate muffins
マーブルチョコマフィン

sweets cafe recipe
8

プレゼントするなら、難しいお菓子よりも、
かんたんでおいしいお菓子のほうが何より安心です。
市販の板チョコで作れますから、手軽で経済的。
素朴でかわいらしい手作りのマフィンが、好印象でしょう。

※ラップでくるみ、涼しいところで約3日保存可。冷凍も可（室温で解凍）。

材料

[直径約6cmの耐熱性の紙カップ4個分]

チョコレート
　（カカオ分約70％）…60g
卵…1個
A ┌ バター…50g
　└ 牛乳…60mℓ
B ┌ 薄力粉…100g
　│ ベーキングパウダー…小さじ1
　└ 砂糖…60g
ホワイトチョコレート…1枚（40g）

準備

❶ 卵は室温にもどす。
❷ Aのバターは薄く切り、牛乳と一緒に器に入れる。チョコレート（茶色）は細かく割って別のボールに入れる。
❸ 鍋に湯を沸かして火を止め、まずAを湯せんにかけてバターを溶かす。湯の温度が約60℃に下がったら、チョコのボールを湯せんにかけてチョコを溶かす（湯や湯気が入らないように）。
❹ Bは合わせて2回ふるう。
❺ オーブンは180℃（ガスなら170℃）に予熱する。

生地を作る

① ボールに卵をよくときほぐし、湯せんにかけたAを加えて泡立て器でよく混ぜる。続けてBを加え、粉気がなくなるまで混ぜる。

② 紙カップに、①を約大さじ2ずつ入れ、次に、溶かしたチョコレートを約小さじ1ずつ落とし入れる。これをもう1度くり返す。

③ 竹串で円を描くように軽く回してマーブルもようを作る。ホワイトチョコレートを適当に割り、生地に刺す。

オーブンで焼く

オーブン／180℃（ガス170℃）で約20分焼く。竹串を刺して、生の生地がついてこなければ焼きあがり。網にとり、さます。

Chocolate brownies
チョコブラウニー

sweets cafe recipe
9

チョコがたっぷり入ったお菓子は、辛党の人でも食指が動くとよく聞きます。
これはとってもしっとりとしたブラウニー。砂糖は使いません。
ボールに材料を混ぜて焼くだけなんです。
板チョコレート2枚がこんなお菓子に変身します。

※ラップでくるみ、涼しいところで約3日保存可。冷凍も可(室温で解凍)。

材料

[15×21×2cmの耐熱性のトレー1枚分]

A ┌ 板チョコレート(ビター)
  │   …2枚(100g)
  │ バター…50g
  └ はちみつ…大さじ2

卵…1個

B ┌ 塩…少々
  └ コアントロー*…小さじ1

C ┌ 薄力粉…大さじ3
  └ ココア**…大さじ1

くるみ…45g

*オレンジ系のリキュール。グランマルニエやブランデー、ラム酒で代用しても。
**砂糖や乳製品を加えていないもの。ピュアココアともいう。

準備

❶ くるみは粗くきざみ、180℃(ガスなら170℃)のオーブンで約7分、から焼きする。
❷ 卵は室温にもどす。
❸ Cはざっと混ぜる。
❹ 耐熱性のトレー(ステンレスやホーロー製など)に合わせて、クッキングシートを型紙用に切り、敷く。
❺ オーブンは190℃(ガスなら180℃)に予熱する。
❻ チョコレートは細かく割る。

生地を作る

① ボールにAを入れて湯せん(約60℃の湯)にかけて溶かし、人肌に温めておく(湯や湯気が入らないように)。

② 大きめのボールに卵をときほぐし、泡立て器でよく混ぜる。白っぽい泡状になったら、Aを流し入れて泡立て器で混ぜ、Bを加える。
③ Cの粉をこし器で②にふるい入れ、泡立て器でぐるぐると大きく混ぜる。粉気がなくなったら、くるみを加えて混ぜる。

④ トレーに入れ、ゴムべらで平らにならす。

オーブンで焼く

オーブン／190℃(ガス180℃)で約13分焼く。トレーからはずし、さます。切り分ける。

Gâteau au chocolat
ガトーショコラ

sweets cafe recipe
10

重さのあるチョコ生地と表面のひび割れのフォルムが絶妙で、
さすが小粋なフランス菓子！　でも材料を見ればシンプルです。
メレンゲで生地はふくらみますが、粉が少ないので、
さめると天井がカサッと落ちる。
そこにかける粉糖が、いい仕事をしてくれます。

※ラップでくるみ、涼しいところで約3日保存可。冷凍も可（室温で解凍）。

材料

[直径12cmの丸型1個分]

A
- 板チョコレート（ビター）…1枚（50g）
- バター…40g

B
- 卵白…1個分
- 砂糖…20g

C
- 卵黄…1個分
- 砂糖…20g

ブランデー…大さじ½
薄力粉…15g
〈飾り用〉
粉糖*…小さじ1～2

*プレゼントにするなら、時間がたっても消えない「溶けない粉糖」がおすすめ。

準備

❶Aのチョコレートは細かく割り、バターは薄く切る。両方をボールに合わせ、湯せん（約60℃の湯）にかけて溶かし、人肌に温めておく（湯や湯気が入らないよう、できれば鍋とボールの口径を合わせる）。

❷薄力粉、砂糖はそれぞれふるう。
❸型に型紙を敷く。
❹オーブンは190℃（ガスなら180℃）に予熱する。

生地を作る

①Bの卵白をハンドミキサーで泡立てる。全体が白い泡になったらBの砂糖を2～3回に分けて加え、角がピンと立つまで泡立てる（メレンゲ）。

②別の大きなボールにCの卵黄と砂糖を入れ、①のハンドミキサーで続けてすり混ぜ、白っぽく、もったりするまで混ぜる。ブランデーを加えて混ぜる。

③泡立器にかえ、②にAを加えてよく混ぜる。①のメレンゲの半量を加え、泡を消さないように大きくぐるりと混ぜる。ゴムべらにかえ、薄力粉を加え、ボールの底からすくい上げて返すように混ぜる。残りのメレンゲを加えて、同様に混ぜる（右写真）。型に入れ、オーブンに入れる。

オーブンで焼く

オーブン／190℃（ガス180℃）で約20分焼く。焼きあがったら、型をトンと落として蒸気を抜く。型をはずして網にのせ、さます。茶こしで粉糖をふる。

すてきデコレーション

クリームで飾ったケーキ。
エレガントな見た目に加え、
味にもうっとりします。

sweets cafe recipe
11 p.50

いちごショートケーキ
Strawberry shortcake

レモンクリームケーキ
Lemon cream cake

sweets cafe recipe
12 p.54

スポンジケーキの生地作りノート

"すてきデコレーション"のお菓子のベースはスポンジケーキ。
全卵に砂糖を加えて泡立てていく方法をマスターしましょう！

ハンドミキサーの速度で"きめ"をそろえる

1
卵はよくときほぐす。砂糖を加え、ハンドミキサーの高速で泡立てる。全体が細かい泡になってくる。

ハンドミキサーはぐるぐるとボールの中を大きく回して、ムラなく混ぜましょう。

2
泡が白っぽくなり、つやが出てきて、写真のように、生地を落とすと「リボン状」につながって落ちて「の」の字がなめらかに書けるくらいまで泡立てる。

泡立て具合は、ゴムべらやミキサーですくって落として確認します。生地がリボンのように少し幅をもって流れ落ちるくらいがめやすです。細いひも状に流れ落ちるようではまだ泡立て不足。

3
「の」の字ができたら、ミキサーを低速にしてボールの中をゆっくりと1〜2周する（約1分）。これで泡のきめ＝スポンジのきめが細かく整う。

めざすは
この生地！

同じ動作で大きく混ぜる

4

5

6

ゴムべらにかえ、粉を加えて混ぜる。泡をつぶさないよう、ボールにそって生地を"底からすくい上げて、上で返す"ように混ぜる。ボールを回しながらリズミカルにくり返す。

ゴムべらは立てぎみにしてボールにあて、押し出すイメージで、すくい上げます。写真の分量（p.52の分量）では、粉を加えて約40回、バターを加えて約30回混ぜます。

粉気がなくなったら、50～60℃の溶かしバターや牛乳（油脂分）を加えて混ぜる。沈みやすいので、へらにあてて全体に散らすように加える。混ぜ方は作り方4と同様。手早く混ぜる。

溶かしバター（や牛乳）の温度が低いと、混ざりにくいので何回も混ぜることになり、ふくらみが悪くなりがち。逆に温度が高すぎると、きめが粗くなりがちです。バターは鍋で湯せんにし、温度が下がれば鍋を火にかけて、適温を保ちます。

ムラなく混ざって、生地が、もったりとし、とろりとつながり落ちるようになったら完了。

油脂分が加わると泡が消えやすくなるため、リズミカルに手早く混ぜます。生地がちぎれて落ちるようでは、混ぜたりません。

スポンジケーキの焼き方ノート①
高さがある形の場合

できたての生地をすぐにオーブンへ

7

p.47の作り方6の生地を型に入れて表面を平らにする。

生地がベストな状態のうちに、オーブンに入れます。オーブンに入れたらオーブンの扉は基本的に開けませんが、中のようすは時々確認します。焼き時間の2/3ほどたつと表面に焼き色がつき始め、形が定まってきます。そこまできて焼きムラができそうな場合は、ケーキの前後を手早く入れ替えます(やけどに注意)。

8

適温のオーブンに入れて焼く。

9

焼きあがりは、竹串を中央に刺して確認。生っぽい生地がついてこなければOK。

10

すぐ型を10cm高さから台にトンと1度落として、中の水蒸気を一気に抜く。これで焼き縮みが抑えられる。

11

さます前に、型ごと逆さにふせて2〜3分おくと、生地の上下のきめがそろい、上面が平らになってデコレーションがしやすくなる。

ふせる際は、まな板に乾いたふきんを敷いておくとくっつきにくい。

12

型をはずして表に返し、網にとってさます。完全にさめたら、型紙をはずし、乾燥しないように、ラップで包むかポリ袋に入れる。

スポンジは
そのあとの用途によって、
焼きあがりに
ポイントがありますよ。

スポンジケーキの焼き方ノート②
シート状の場合

シートは焼きあがりが大切

7

p.47の作り方6の生地を型に入れて表面を平らにする。

生地がベストな状態のうちに、オーブンに入れたいので、型入れはてきぱきと。
焼き時間の2/3ほどたつと表面に焼き色がつき始め、形が定まってきます。そこまできて焼きムラができそうな場合は、ケーキの前後を手早く入れ替えます（やけどに注意）。

8

適温のオーブンに入れて焼く。薄いので早く焼ける。

9

中央を指の腹で軽くさわってみて、軽い弾力があれば焼きあがり。

10

型をはずし、まな板や網にとってさます。シート状の生地は乾燥しやすいため、乾いたふきんをかけてさます。

シート状のスポンジはロールに巻くことが多く、乾燥してしまうと、ひび割れて巻けません。ふきんの代わりに、クッキングシートを利用しても。さめてから時間があく場合は、ラップでおおうか、ポリ袋に入れて乾燥を防ぎます。

11

型紙をはがす際に、シートを裏返したり元に戻したりするときは、ふきんやシートで支えて返す。乱暴に扱ってくずさないよう慎重に。

Strawberry shortcake
いちごショートケーキ

老若男女に好まれるケーキといえば、
ショートケーキの右に出るものはないでしょう。
ふわふわのスポンジにきれいなデコレーション。
ハート形のいちごがチャーミングでしょ？

上手に仕上げるには経験がいりますが、
ちょっぴりご愛嬌になったとしても、
手作りケーキのまわりには必ずだれかの笑顔がはじけるもの。
ショートケーキは記念日の記憶をきざんでくれます。
いちごのフレッシュジャムを少し作り、紅茶に加えてめしあがれ。

 Drink recipe いちごのフレッシュジャム〔手軽に作れる少量〕／いちご40gを2～3つに切り、砂糖大さじ3と一緒に大きめの耐熱容器に入れて5分おく。ラップをして電子レンジで約40秒（500W）加熱。吹きこぼれに注意。

いちごショートケーキの作り方

材料

[直径18cmの丸型1個分]

〈スポンジケーキ〉
卵…3個
砂糖…100g
薄力粉…100g
A ┌ バター…30g
　└ 牛乳…大さじ2

〈シロップ〉
B ┌ 水…大さじ4
　└ 砂糖…大さじ2（16g）
キルシュワッサー*…大さじ1

〈デコレーション〉
C ┌ 生クリーム（乳脂肪分45％）**
　│　…2パック（400ml）
　│ 砂糖…大さじ4（32g）
　└ キルシュワッサー*…大さじ½
いちご（大粒）…1パック（350g）

しぼり袋と口金

*さくらんぼから作られるリキュールで、ベリー類の入るお菓子によく合う。コアントローなどお好みのものでも。
**味がよいのは乳脂肪分が高い45％程度のもの。1パックを乳脂肪分35％程度のものにしても（p.66参照）。

準備

❶型に型紙を敷く。卵は室温にもどす。
❷薄力粉、砂糖はそれぞれ1回ふるう。
❸器にAを合わせ、湯せんにかけ、バターを溶かして熱くしておく（50〜60℃）。
❹オーブンは170℃（ガスなら160℃）に予熱する。

スポンジケーキを作る

①、②はp.46〜48を参照して、スポンジケーキを作る。

①卵をほぐして砂糖を入れ、「の」の字がかけるくらいに泡立てる。薄力粉、Aを順に混ぜる（ボールの底から生地をすくって返すように）。生地（右写真）を型に流し入れる。

オーブンで焼く

オーブン／170℃（ガス160℃）で30〜33分焼く。

②焼きあがったら、型をトンと落として蒸気を抜く。まな板に乾いたふきんを敷き、型ごと逆さにふせて2〜3分おき、ケーキ上面を平らにする。型をはずして表に返し、網にのせてさます。さめたらポリ袋に入れて乾燥しないようにする。

デコレーション前に準備

・小鍋でBをひと煮立ちさせて砂糖を溶かし、さめたらキルシュを加える（シロップ）。
・いちご4粒は飾り用にV字の切りこみを入れて、縦半分に切り、ハート形にする。残りはサンド用に縦半分に切る。

生クリームを泡立てる

③ボールにCを入れ、底を氷水にあててハンドミキサーの中速で泡立てる。とろとろとし、わずかに積もる程度にする（p.66参照）。120g分をしぼり出し用にとり分けて冷蔵しておく。

デコレーションをする

④スポンジの厚みを半分に切り、両方の切り口にシロップを塗る。回転台（p.61右上のように皿に丸型をふせても）に下半分をのせ、クリーム大さじ5〜6をのせて広げる。

⑤いちごを並べ、再び同量のクリームをかけて平らにする。上半分のスポンジを、切り口を上にしてのせる。軽く押さえる。
残りのクリームを、ケーキの上に流す。ケーキ側面にも少し流れ落ちるようにする。

⑥側面のたりない部分にクリームをたしてから、パレットナイフで一気に表面を仕上げる。クリームはさわるほどボソつくので、上面、側面ともに1〜2回で整えるようにする。側面はナイフを固定し、ケーキ（台）のほうを回すとよい。

⑦とりおいたクリームを少し泡立ててもったりとさせる。しぼり袋に口金をセットし、クリームを入れる。ケーキの表面に手早くしぼり出す。飾り用のいちごをのせる。

⑧冷蔵庫に1時間以上おいて落ち着かせる。皿に移すときは、パレットナイフ、フライ返しなどを利用する。

※切り分けるときは、ケーキ中央を起点に½、¼と切り分ける。包丁は1回ごとに湯で洗ってきれいにふく。

Lemon cream cake
レモンクリームケーキ

シンプルなスポンジケーキの間から、
レモン風味のおいしいクリームがとろ〜り。
粉と卵の素朴な材料から生まれる、
手作りならではのやさしいケーキです。

軽やかな味わいはティータイムにぴったり。
さあ、おいしい茶葉で紅茶をいれましょう。

Drink recipe 紅茶〔1杯分〕／温めたポットに茶葉を入れ、熱湯をそそいて3分ほどむらす。ティースプーン1杯の茶葉に熱湯150mlがめやす。

sweets cafe recipe

12

How to make →

レモンクリームケーキの作り方

材料

[直径15cmの丸型1個分]

〈スポンジケーキ〉
卵…2個
砂糖…70g
薄力粉…70g
A [バター…20g
　　牛乳…大さじ1
バニラオイル…少々

〈レモン（カスタード）クリーム〉
卵黄…1個分
砂糖…25g
薄力粉…10g
牛乳…100㎖
バター…5g
レモン汁…大さじ1
B [生クリーム…50㎖
　　砂糖…大さじ½

〈飾り用〉
粉糖…少々
レモンの輪切り…1枚
ミント…少々

準備

❶型に型紙を敷く。卵は室温にもどす。
❷薄力粉、砂糖はそれぞれ1回ふるう。
❸器にAを合わせ、湯せんにかけ、バターを溶かして熱くしておく（50～60℃）。
❹オーブンは170℃（ガスなら160℃）に予熱する。

スポンジケーキを作る

①、②はp.46～48を参照して、スポンジケーキを作る。

①卵をほぐして砂糖を入れ、「の」の字がかけるくらいに泡立て、バニラオイルを混ぜる。薄力粉、Aを順に混ぜる（ボールの底から生地をすくって返すように）。生地（右写真）を型に流し入れる。

オーブンで焼く

オーブン／170℃（ガス160℃）で約28分焼く。

②焼きあがったら、型をトンと落として蒸気を抜く。網の上にとり出してさます。さめたらポリ袋に入れて乾燥しないようにする。

レモンクリームを作る

③（スポンジを焼いている間に作る）
直径18cmほどの鍋で、牛乳を沸騰直前まで温める。ボールに卵黄と砂糖を入れて泡立器でよくすり混ぜてから、薄力粉を加えて混ぜ、牛乳を少しずつ加えてよく混ぜる。

④ざるでこしながら、③の鍋に戻す。強めの中火にかけ、木べらで鍋底をこするように混ぜながら手早く加熱する。

⑤沸騰したら弱めの中火にし、手早く混ぜながら1〜2分煮る。左の写真のようにつやよくとろりとしたら、火を止める。バター、レモン汁を加えて混ぜ、ボールにあける。表面にラップを密着させ、ボールの底を氷水にあてて、冷やす。

⑥別のボールにBを入れ、ボールの底を氷水にあてながら泡立てる。とろとろとし、わずかに積もるくらいまで泡立てる。⑤が冷えたら、泡立器でほぐしてなめらかにし、Bを加えて混ぜる。

デコレーションをする

⑦スポンジがさめたら、厚みを半分に切る。⑥をのせて、はさむ。

⑧粉糖を茶こしでまんべんなくふり、レモンの輪切りとミントを飾る。

Forêt Noire
フォレノワール

フォレノワールはフランス語ですが、
ドイツの森林地帯「黒い森」にちなんだ名前です。
ちなみにドイツ名はシュヴァルツヴェルダー キルシュトルテ。
特産のさくらんぼと、黒い森、白い雪、落ち葉のイメージから作られ、
近隣で長く親しまれているお菓子です。

さくらんぼから作られるリキュール、キルシュワッサーが香り、
その確かな味がうちでも人気です。
今日はフレッシュアップルティーでいかがでしょう。
りんごを少量、皮ごと薄切りにしてポットに入れ、
熱い紅茶をそそいで香りを移しました。

sweets cafe recipe
13

フォレノワールの作り方

材料

[直径15cmの丸型1個分]

〈スポンジケーキ〉
卵…2個
グラニュー糖…70g
A ┌ 薄力粉…60g
  │ ココア*…大さじ2
  └ ベーキングパウダー…小さじ¼
バター…20g

〈スポンジ用のシロップ〉
B ┌ グラニュー糖…15g
  └ 水…大さじ2
キルシュワッサー**…大さじ1

〈ホイップクリーム〉
C ┌ 生クリーム…200㎖
  │ グラニュー糖…20g
  └ キルシュワッサー**…小さじ1

〈チェリーのシロップ漬け〉
ダークチェリー（缶詰の実）***
　…210g
D ┌ ダークチェリーの缶汁…150㎖
  └ グラニュー糖…50g
キルシュワッサー**…大さじ1

板チョコレート（ミルク）
　…1枚（50g）

しぼり袋と丸口金（直径1cm）

*砂糖や乳製品を加えていないもの。ピュアココアともいう。
**さくらんぼから作られるリキュールで、ベリー類のお菓子によく合う。ブランデーでも。
***製菓材料店や輸入食材店で購入可。

前日に準備

チェリーをシロップに漬けて、味を含ませる。小鍋にDを入れて中火で4～5分煮つめ、火を止めてキルシュ大さじ1とチェリーを加える。さめたら保存容器に移し、冷蔵する。

当日の準備

❶型に型紙を敷く。卵は室温にもどす。
❷Aは合わせて2回ふるう。
❸バターを湯せんにかけ、溶かして熱くしておく（50～60℃）。
❹オーブンは180℃（ガスなら170℃）に予熱する。

スポンジケーキを作る

①、②はp.46～48を参照して、スポンジケーキを作る。

①卵をほぐしてグラニュー糖を入れ、「の」の字がかけるくらいに泡立てる。A、溶かしバターを順に混ぜる（ボールの底から生地をすくって返すように）。型に流し入れる。

オーブンで焼く

オーブン／180℃（ガス170℃）のオーブンで約23分焼く。
②焼きあがったら、型をトンと落として蒸気を抜く。まな板に乾いたふきんを敷き、型ごと逆さにふせて、2～3分おいてケーキ上面を平らにする。型をはずして表に返し、網にのせてさます。さめたらポリ袋に入れて乾燥しないようにする。

生クリームを泡立てる・飾りの準備

③ボールにCを入れ、底を氷水にあててハンドミキサーの中速で泡立てる。とろとろとし、わずかに積もる程度にする（p.66参照）。冷蔵しておく。

④チェリーをシロップからとり出し、ペーパータオルにのせる。チョコレートの裏面を、スプーンや抜き型などでけずり、約10g分を作り、冷蔵しておく。耐熱容器にBを入れ、電子レンジで約40秒加熱する。キルシュ大さじ1を加えてさます（シロップ）。

デコレーションをする

⑤スポンジの厚みを半分に切る。両方の切り口にシロップを塗る（シロップは約小さじ2を残しておく）。

⑥回転台（代わりに皿に丸型をふせても）に、スポンジの下半分をのせる。しぼり袋に口金をセットし、クリームを入れる（⑥⑦で約半量使う）。縁から中心に向かってしずく形にしぼり出す。1周しぼり、中心にうず巻きをしぼる。

⑦飾る分のチェリー8粒をとりおき、残りを散らして置く。チェリーのすき間にクリームを少ししぼって平らにし、上のスポンジを重ねて軽く押さえる。

⑧上面にシロップを塗り、残りのクリームをしずく形にしぼる。チェリーをのせ、中央にチョコレートを飾る。冷蔵庫に1時間以上おいて落ち着かせる。

Chocolate walnut cream cake
チョコクリームとくるみのケーキ

チョコクリームとくるみをスポンジでサンドした、
おなじみのケーキをヒントに作ってみました。
スポンジケーキをシート状ではなくて、パウンド型で作ります。
そこにちょっと秘密がありますよ。
生クリームにチョコレートを合わせるときに、牛乳でワンクッション
とることもまた、うまく混ぜるコツになっています。

アイスティーといかがでしょう。
氷に加えて、凍らせたぶどうが入っているのが特製。
ぶどうは半分に切って冷凍してね。

すてきデコレーション

sweets cafe recipe
14

sweets cafe recipe No.14 | Chocolate walnut cream cake

チョコクリームとくるみのケーキの作り方

材料

[18×8×6cmのパウンド型1個分]

〈スポンジケーキ〉
卵…1 1/2個
砂糖…50g
薄力粉…45g
A [バター…10g
    牛乳…大さじ1]

〈チョコクリーム〉
チョコレート*…70g
牛乳…40mℓ
生クリーム**…200mℓ

〈具〉
くるみ…20g

*製菓用のクーベルチュールチョコレートを使用。クーベルチュールは板状、タブレット状、粒状がある。市販のシンプルな板チョコレートでも作れる。
**乳脂肪分が約45%の生クリームを使用。35%くらいのものでも作れる(p.66参照)。

準備

❶型に型紙を敷く。卵は室温にもどす。
❷薄力粉、砂糖はそれぞれ1回ふるう。
❸くるみは耐熱皿にのせ、ラップなしで電子レンジで約1分(500W)加熱する。約5mm角にきざむ。
❹器にAを合わせ、湯せんにかけ、バターを溶かして熱くしておく(50~60℃)。
❺オーブンは170℃(ガスなら160℃)に予熱する。

スポンジケーキを作る

①、②はp.46~48を参照して、スポンジケーキを作る。

①卵をほぐして砂糖を入れ、「の」の字がかけるくらいに泡立てる。薄力粉、Aを順に混ぜる(ボールの底から生地をすくって返すように)。型に流し入れる。

オーブンで焼く

オーブン／170℃(ガス160℃)で約25分焼く。

②焼きあがったら、型をトンと落として蒸気を抜く。まな板に乾いたふきんを敷き、型ごと裏返して1~2分おき、ケーキの上面を平らにする。
③型をはずして90度横倒しにしてさまし、時々側面を逆にする(ケーキの天地の高さがしぼみやすいため)。さめたらポリ袋に入れて乾燥しないようにする。

チョコクリームを作る

④チョコレートはかたまりの場合は、なるべく細かくきざみ、溶けやすくする。大きめのボールに入れる。小鍋で牛乳を沸騰直前まで温め、ボールに加える。チョコレートが自然に溶けるまで待つ。ゴムべらでそっと混ぜる。

⑤生クリームを少しずつ加えて混ぜる(一気に加えるとチョコが冷えて固まる)。ハンドミキサーにかえ、ボールの底を氷水にあてながら、右写真のように、とろとろとゆっくり流れ落ちるくらいに泡立てる。

デコレーションをする

⑥スポンジケーキの型紙をはずし、厚みを3等分に切る(スポンジの底から順にabc)。型紙はとりおき、紙の上で組み立てていく。

⑦スポンジaの上にチョコクリームを大さじ5ほどのせて広げる。半量のくるみを散らす。スポンジbを重ねて、同様にする。

⑧スポンジcをのせ、ケーキの上にクリームを流す。側面にも少し流れ落ちるようにする。

⑨パレットナイフで1〜2回なでつけながら、側面、上面を整える(クリームはさわるほどボソつく)。フライ返しなどを利用して、ケーキを皿に移す。冷蔵庫に1時間以上おいて落ち着かせる。

生クリームの泡立てノート

お菓子作りに生クリームの泡立てはつきもの。繊細です。

生クリームの濃度

乳脂肪分が35～45％くらいの商品がある。味のバランスで使い分けるが、濃度が高いほどコクがある。生クリームは常に低温に保つ。持ち運び時の温まりや振動で品質が変わりやすいので注意。

植物性脂肪のクリームは、泡立てしやすく日もちもしますが、味は乳脂肪のものをおすすめします。

泡立は低温で

＜泡立ては低温で＞
泡立てるときも低温で。ボールの底を氷水にあてて冷やしながら泡立てると、しまりのあるなめらかなクリームになる。泡立てたものはすぐ冷蔵庫へ。

ハンドミキサーなら中速で泡立てるとよいでしょう。

濃度による泡立ち

乳脂肪分濃度が高いものほど泡立ちが早く、泡立ち始めるとすぐにかたくなり、分離（右写真）しやすい。35％くらいのものなら、比較的ゆるやかに泡立つ。

泡立て後、へらでさわったりしぼり袋の口金でこすれたりしてもかたくなるので、泡立て具合は少し手前にしておくのがコツです。

泡立て加減

コーティング用など（45％の場合）
やっとすくえて、とろとろと流れ落ち、わずかに積もるくらい。

35％くらいのものなら、もう少し泡立てても大丈夫。

しぼり出し用など（45％の場合）
泡立て器の中に一瞬こもってから、とろ〜りと流れ落ち、少し積もるくらい。

ハンドミキサーで泡立てても、最後は泡立て器で調整するとよいでしょう。

そのまま飾るなど（45％の場合）
ボリュームを出したい場合は角が立つくらいまで泡立てる。

くるくるロール

ロールケーキを見ると皆さんの目がくるくるにっこり！作りがいがあるんです。

sweets cafe recipe
15 p.68

フルーツロールケーキ
Fruit roll cake

sweets cafe recipe
16 p.72

ココアロールケーキ
Cocoa roll cake

くるくるロール

Fruit roll cake
フルーツロールケーキ

くるくると形がかわいらしいロールケーキ。
切り口にフルーツがたくさん見えるとうれしくなりますね。
手作りだからこそ、みなさんのお好きなフルーツを
たっぷり入れてみてください。

シート状のスポンジ生地は、焼いたあとの
扱い方がポイント。詳しく説明しましょう。
フレッシュフルーツとケーキの組み合わせはおいしい！
紅茶もレモンでさわやかにどうぞ。

フルーツロールケーキの作り方

材料

[29×25×4cmの角型1個分]

卵…3個
砂糖…60g
薄力粉…60g
牛乳…大さじ2

〈シロップ〉
砂糖…大さじ1
水…大さじ1
キルシュワッサー*…大さじ½

〈クリーム〉
A ┌ 生クリーム…150㎖
　├ 砂糖…大さじ1½
　└ キルシュワッサー…大さじ½

好みのくだもの(メロン、いちご、バナナ、キウイフルーツなど)…合わせて200g
粉糖…小さじ1〜2

*さくらんぼから作られるリキュール。

準備

❶型に型紙を敷く。このとき、同じ大きさのシートをもう1枚別に用意する。
❷卵は室温にもどす。
❸薄力粉、砂糖はそれぞれ1回ふるう。
❹牛乳は電子レンジで約20秒(500W)加熱して温める。
❺オーブンは200℃(ガスなら190℃)に予熱する。

スポンジケーキを作る

①、②はp.46〜47、49を参照して、スポンジケーキを作る。

①卵をほぐして砂糖を入れ、「の」の字がかけるくらいに泡立てる(左写真)。薄力粉、牛乳を順に混ぜる(ボールの底から生地をすくって返すように)。型に流し入れる。

オーブンで焼く

オーブン／200℃(ガス190℃)で約11分焼く。表面を軽くさわってみて、軽い弾力があり、乾いていれば焼きあがり。

②型をはずしてまな板や網にとり出す。乾燥しやすいので、乾いたふきん(またはもう1枚のクッキングシート)をかぶせてさます。さめたらポリ袋に入れて乾燥しないようにする。

形作る前に準備

・耐熱容器にシロップの砂糖と水を合わせる。電子レンジで約30秒(500W)加熱し、砂糖を溶かす。さめたらキルシュを加える。
・くだものは1〜2cm角に切る。

生クリームを泡立てる

③ボールにAを入れ、底を氷水にあててハンドミキサーの中速で泡立てる。わずかに積もる程度になったら、泡立器にかえて大きく数回混ぜる（p.66参照）。

形作る

④スポンジをふきん（またはシート）ごと裏返し、型紙をはがす。はがした型紙をあててもう1度裏返して、上面を上に戻す。新しいシートにのせる。

⑤上面全体にシロップをはけで塗る。

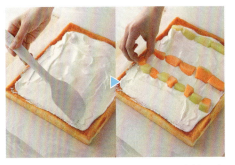

⑥短い辺を手前に置く。クリームを全体に広げる。手前を少し厚め、向こうと両脇を薄めに。くだものを3列に（右写真）並べる。

⑦シートで支えながら、手前からケーキを巻く。まず手前のフルーツを小さく巻くイメージで芯にし、次に向こう端まで巻く。きつすぎずゆるすぎず、慎重に巻き進む。

⑧巻き終わりを下にして、シートに巻いたまま（時間をおくならさらにラップを巻き）、冷蔵庫において落ち着かせる。食べるときに、茶こしで粉糖をふり、切り分ける。

Cocoa roll cake
ココアロールケーキ

ココアをたっぷり使ったほろにがい生地に加え、
コクのあるチーズクリームもまた、ぜひお試しいただきたい自慢の味。
個性的な2つの味を、赤くて酸っぱいラズベリーがうまくまとめて、
色合いもおしゃれに演出します。
おうちで楽しむクリスマスや
バレンタインにもいかがでしょうか。

合わせるのはホットココア。ココアと砂糖を
「おいしくなーれ」とよく溶いて作るよ。

Drink recipe ココア〔1杯分〕／小鍋にココアと砂糖をティースプーン1杯ずつ入れて混ぜ、少量の水でよく混ぜる。牛乳150mlを少しずつ加えて混ぜ溶かし、中火にかけ、沸騰直前まで温める。

sweets cafe recipe

16

How to make

ココアロールケーキの作り方

材料

[29×25×4cmの角型1個分]

〈スポンジケーキ〉
卵…3個
砂糖…80g
A ┌ 薄力粉…40g
  └ ココア*…30g
牛乳…大さじ2

〈チーズクリーム〉
クリームチーズ…100g
砂糖…30g
生クリーム**…200ml
キルシュワッサー***…大さじ1/2

ラズベリー…約15粒
ココア・粉糖（飾り用）…各少々

*砂糖や乳製品を加えていないもの。ピュアココアともいう。
**乳脂肪分が多い約45％のものがよりおいしい。
***さくらんぼから作られるリキュール。ベリー類の入るお菓子によく合う。コアントローなどお好みのものでも。

準備

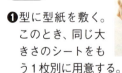

❶型に型紙を敷く。このとき、同じ大きさのシートをもう1枚別に用意する。
❷卵とクリームチーズは、室温にもどす。
❸Aは合わせて2回、砂糖は1回ふるう。
❹牛乳は電子レンジで約20秒（500W）加熱して温める。
❺オーブンは190℃（ガスなら180℃）に予熱する。

スポンジケーキを作る

①、②はp.46～47、49を参照して、スポンジケーキを作る。

①卵をほぐして砂糖を入れ、「の」の字がかけるくらいに泡立てる。Aの粉、牛乳を順に混ぜる（ボールの底から生地をすくって返すように）。型に流し入れる。

P ココア（油脂分）が入ると生地の気泡が消えやすいので、混ぜすぎないように。

オーブンで焼く

オーブン／190℃（ガス180℃）で11～12分焼く。表面を軽くさわってみて、軽い弾力があれば焼きあがり。

②型をはずしてまな板や網にとり出す。乾燥しやすいので、乾いたふきん（またはもう1枚のクッキングシート）をかぶせてさます。さめたらポリ袋に入れて乾燥しないようにする。

クリームを作る

③ボールにクリームチーズを入れ、ゴムべらでなめらかにする。砂糖を加え、ハンドミキサーで混ぜてクリーム状にする。続いて、生クリーム、キルシュを加え、ボールの底を氷水にあてながら泡立てる。とろとろと流れ落ち、わずかに積もる程度にする（p.66参照）。

形作る

④スポンジをふきん（またはシート）ごと裏返し、型紙をはがす。はがした型紙をあててもう1度裏返して、上面を上に戻す。新しいシートにのせる。

⑤短い辺を手前に置く。クリームを全体に広げる。手前を少し厚め、向こうと両脇を薄めにする。

⑥手前にラズベリーを一列に並べる。シートで支えながら、手前からケーキを巻く。まずベリーを小さく巻きこんで芯にし、次に向こう端まで巻く。

P ケーキの左右をのぞきながら、きつすぎずゆるすぎず、慎重に巻き進む。

⑦巻き終わりを下にして、シートに巻いたまま（時間をおくならさらにラップを巻き）、冷蔵庫においで落ち着かせる。食べるときに、茶こしでココア、粉糖を順にふりかけ、切り分ける。

クッキーどうぞ

手作りクッキーは個性派ぞろい。
作っていると楽しくて
つい熱中しちゃうから。

sweets cafe recipe
17
p. 78

サムプリントクッキー
Thumbprint cookies

sweets cafe recipe
18
p. 80

スペキュロス
Spéculoos

sweets cafe recipe
19
p. 82

型抜きクッキー
Cut-out cookies

sweets cafe recipe **20** p.84

アイスボックスクッキー
Icebox cookies

sweets cafe recipe **21** p.86

ピーナッツソルトクッキー
Salted peanut butter cookies

レーズンバターサンドクッキー
Rum raisin buttercream sandwich cookies

sweets cafe recipe **22** p.88

Thumbprint cookies
サムプリントクッキー

sweets cafe recipe
17

生地を親指(=thumb)で押してくぼみを作るから、Thumbprint cookies。
ホームメイドクッキーとしてアメリカでは長年親しまれています。
真ん中のジャムなどが、子どもたちには宝石のようにみえるかもね。

ミルクティーにはちみつを加えて亜麻色になるキャンブリックティーと。

材料

[24枚分]

〈クッキー生地〉
バター…80g
砂糖…50g
卵黄…1個分
バニラオイル…少々
A [薄力粉…120g
    ベーキングパウダー…小さじ⅙]

〈飾り〉
好みのジャム*…約大さじ1
板チョコレート
　…2かけ分（5㎜角に切る）

ポリ袋…1枚

*写真はチェリーとアプリコット。

準備

❶バターは薄めに切って大きめのボールに並べ、室温にもどす（指で押して跡がつくくらいに）。
❷Aは合わせて2回ふるう。砂糖は1回ふるう。
❸形作るときに、オーブンは180℃（ガスなら170℃）に予熱する。オーブン皿にオーブンシートを敷く。

生地を作る

①バターを泡立器（またはハンドミキサー）ですり混ぜ、砂糖を2〜3回に分けて加え、よくすり混ぜる。白っぽくなったら、卵黄、バニラオイルを混ぜる。ゴムべらにかえて、Aの粉を加え、切るように混ぜる。

②粉気がなくなったら、生地をボールに押しつけてまとめる。ポリ袋に生地を入れ、1〜2㎝の厚さに四角く形を整える。冷蔵庫に30分以上おいて休ませる（冷凍保存可・約2週間）。

形作る

③ポリ袋を切り開き、その上で生地を24等分に切る。手で丸め直してから、平たくつぶして直径約3㎝にし、オーブン皿にのせる。親指で中央に深めのくぼみを作る。くぼみにジャムやチョコレートをのせる。

オーブンで焼く

オーブン／180℃（ガス170℃）で13〜15分焼く。網にとってさます。さめるとカリッとする。

※密閉容器で保存（常温で約1週間）。

Spéculoos
スペキュロス

sweets cafe recipe
18

ベルギーやフランスにまたがるフランドル地方に
古くから伝わるスパイスクッキー。褐色の砂糖とシナモンなどの
スパイスが複数加わり、一度食べたら忘れられない味です。
柊や天使などの楽しい形は、クリスマスの祝い菓子にぴったりでしょ。

寒い日には、はちみつ入りホットミルクで。

材料

[好みの抜き型で20〜30枚分]

バター…70g
きび砂糖（なければ砂糖）…70g
とき卵…大さじ2（卵約1/2個分）

A ┌ 薄力粉…80g
　├ 強力粉*…70g
　└ ベーキングパウダー…小さじ1

B ┌ オールスパイス**…小さじ1 1/2
　├ シナモンパウダー…小さじ1/6
　├ こしょう（白）…少々
　└ 塩…少々

ポリ袋（約25cm幅のもの）…1枚

*薄力粉に強力粉を混ぜると歯ざわりがカリッと仕上がる。
**今回は、シナモン・クローブ・ナツメグの香りを合わせもつといわれるオールスパイスを使用。Bはほかに、ジンジャーやカルダモンを合わせて使っても。なお、オールスパイスの残りはハンバーグなどに使える。

準備

❶ バターは薄めに切って大きめのボールに並べ、室温にもどす（指で押して跡がつくくらいに）。
❷ ポリ袋に、Aの粉とBのスパイス類を合わせ、袋の口を閉じてふり、混ぜる。きび砂糖は1回ふるう。
❸ 形作るときに、オーブンは210℃（ガスなら200℃）と、少し高めに予熱する。オーブン皿にオーブンシートを敷く。

生地を作る

① バターを泡立器（またはハンドミキサー）ですり混ぜ、きび砂糖を3回に分けて加え、よくすり混ぜる。白っぽくなったら、とき卵を2回に分けて加えてすり混ぜる。ゴムべらにかえて、合わせたAとBの粉をこし器でふるいながら加え、切るように混ぜる。

② 粉気がなくなったら、生地をボールに押しつけてまとめる。ポリ袋に生地を入れ、めん棒で3〜4mmの厚さ（24cm角くらい）にのばす。冷蔵庫に1時間以上おいて休ませる（冷凍保存可・約2週間）。

形作る

③ ポリ袋を切り開き、その上で生地を型で抜き、オーブン皿にのせる（残り生地はまとめて再度のばし、型で抜くか切り分ける）。

▶ 薄くだれやすい生地なので、型抜きは手早く（べたつくなら冷蔵）。開閉で温度が下がる分を見越して、オーブンは高めに予熱する。

オーブンで焼く

オーブン／入れたらすぐ、予熱の温度を170℃（ガス160℃）に下げ、約20分焼く。網にとってさます。

※密閉容器で保存（常温で約3週間）。

Cut-out cookies
型抜きクッキー

sweets cafe recipe
19

粉糖を使うので、口溶けがやさしい生地になります。
シンプルな生地ながら、2色にし、牛や猫などの型で抜くと、
1枚1枚のもようが違うから、作るのも食べるのも楽しみ。
おやつの時間が待ち遠しい！

グラスの底にインスタントコーヒーを溶いて牛乳と氷を入れたアイスカフェオレと。似合うでしょ!?

材料

[牛の形などの抜き型で20～30枚分]

バター…65g
塩…少々
粉糖*…50g
卵黄…1個分
バニラオイル…少々
薄力粉…130g
ココア**…大さじ½（3g）

*粉糖を使うときめが細かくなり、口溶けがよくなる。同量の砂糖に代えても作れる。
**砂糖や乳製品を加えていないもの。ピュアココアともいう。

準備

❶バターは薄めに切って大きめのボールに並べ、室温にもどす（指で押して跡がつくくらいに）。
❷薄力粉とココアは、それぞれ1回ふるう。
❸形作るときに、オーブンは170℃（ガスなら160℃）に予熱する。オーブン皿にオーブンシートを敷く。

生地を作る

①バターに塩を加えて泡立て器（またはハンドミキサー）で混ぜ、粉糖を3回に分けて加え、よくすり混ぜる。白っぽくなったら、卵黄、バニラオイルを順に加えて混ぜる。
②ゴムべらにかえて、薄力粉を加え、切るように混ぜる。粉気がなくなったら、生地をボールに押しつけてまとめる（プレーン生地）。¼量を別のボールにとり分け、ココアを加えて混ぜる（ココア生地）。2色の生地を各2cm厚さにまとめてラップでくるむ。冷蔵庫に30分以上おいて休ませる。

形作る

③プレーン生地をラップ2枚にはさみ、15cm角にのばす。ココア生地を適当にちぎってのせ、ラップをかけ、さらに5mm厚さ（約24cm角）にのばす。冷蔵庫に1時間以上おいて休ませる（冷凍保存可・約2週間）。

④型で抜き、オーブン皿にのせる。

オーブンで焼く

オーブン／170℃（ガス160℃）で約13分焼く。網にとってさます。

※密閉容器で保存（常温で約3週間）。

Icebox cookies
アイスボックスクッキー

sweets cafe recipe 20

冷蔵や冷凍にした棒状の生地を切り分けて焼くのが、アイスボックスクッキー。
生地を作りおけて、まず便利。
端から切れば金太郎飴のごとしで、ほらかんたん！

ダージリンのストレートティーを合わせました。好みでウイスキーをたらしても。

材料

[約32枚分]

ナッツ入りチョコレート*…100g
バター…70g
砂糖…30g
卵黄…1個分
A [薄力粉…100g
　　ココア**…大さじ1]
ピスタチオ***（製菓用・無塩）…10g

*チョコレート75g＋ナッツ25gに代えても。
**砂糖や乳製品を加えていないもの。ピュアココアともいう。
***くるみなどでも（ローストずみ・無塩）。

準備

❶ バターは薄めに切って大きめのボールに並べ、室温にもどす（指で押して跡がつくくらいに）。
❷ チョコレートは細かく割り、60℃くらいの湯せんにかけて溶かし、人肌にしておく。

❸ ピスタチオは、電子レンジで約40秒（500W）加熱しておく（ラップなし）。
❹ Aは合わせて2回ふるう。砂糖は1回ふるう。
❺ 形作るときに、オーブンは170℃（ガスなら160℃）に予熱する。オーブン皿にオーブンシートを敷く。

生地を作る

① バターを泡立器（またはハンドミキサー）ですり混ぜ、砂糖を2回に分けて加え、よくすり混ぜる。白っぽくなったら、卵黄を加え、混ぜる。

② チョコレート（左写真）、ピスタチオを順に加えて混ぜる。ゴムべらにかえて、Aを加えて切るように混ぜる。

③ 粉気がなくなったら、生地をボールに押しつけてまとめる。ラップでくるみ、長さ13cm、3cm角の四角い棒状に整える（右写真）。2本作り、保存袋に入れて30分以上冷凍する（冷凍保存可・約2週間）。

形作る

④ 生地を冷蔵庫に移して半解凍にする。7～8mm厚さ（1本を約16等分）に切り、間隔をあけてオーブン皿に並べる。

オーブンで焼く

オーブン／170℃（ガス160℃）のオーブンで約13分焼く。網にとってさます。

※密閉容器で保存（常温で約3週間）。

Salted peanut butter cookies
ピーナッツソルトクッキー

sweets cafe recipe
21

ピーナッツバターのクッキーは、アメリカの家庭のおやつ。
生地を手で丸めてフォークで押す作り方といい、
ざっくりとした風貌といい、
カントリー風で気楽なところが大好きなんです。

アメリカンコーヒーがぴったりです。

材料

[16枚分]

A ┌ ピーナッツバター
　│ 　（加糖・粒入り）…40g
　└ バター…40g
砂糖…40g
とき卵…大さじ2（卵約1/2個分）
B ┌ 薄力粉…80g
　└ ベーキングパウダー…小さじ1/6
薄力粉・粗塩…各少々

ポリ袋…1枚

準備

❶ Aのバターは薄めに切って大きめのボールに並べ、ピーナッツバターを加えて室温にもどす（バターを指で押して跡がつくくらいに）。
❷ Bは合わせて2回ふるう。砂糖は1回ふるう。
❸ 形作るときに、オーブンは180℃（ガスなら170℃）に予熱する。オーブン皿にオーブンシートを敷く。

生地を作る

① Aを混ぜてから、泡立て器（またはハンドミキサー）ですり混ぜ、砂糖を2～3回に分けて加え、よくすり混ぜる。とき卵を加えて混ぜる。

② ゴムべらにかえて、Bの粉を加え、切るように混ぜる。粉気がなくなったら、生地をボールに押しつけてまとめる。ポリ袋に生地を入れ、1～2cm厚さに四角く形を整える。冷蔵庫に30分以上おいて休ませる（冷凍保存可・約2週間）。

形作る

③ ポリ袋を切り開き、その上で生地を16等分に切る。手で丸め直してから、平たくつぶして直径約3cmにし、オーブン皿にのせる。フォークの背（薄力粉少々をつける）で格子状にもようをつける。表面に粗塩をふる。

オーブンで焼く

オーブン／180℃（ガス170℃）で約16分焼く。網にとってさます。

※密閉容器で保存（常温で約3週間）。

Rum raisin buttercream sandwich cookies
レーズンバターサンドクッキー

アーモンドプードルを加えたコクのあるクッキー生地に、
ラムレーズンのクリームをはさみます。
クリームは口当たりが軽くて極上の味わい！
バターを扱うので、涼しい時期におすすめのお菓子です。
エレガントなおもてなしにいかがでしょう。

　　　　　　　ホットコーヒーにラム酒を数滴加えて香り豊かに。
　　　　　　　どうぞごゆっくり。

sweets cafe recipe
22

sweets cafe recipe No.22 | Rum raisin buttercream sandwich cookies

How to make

レーズンバターサンドクッキーの作り方

材料

[直径5cmの菊形の抜き型で8個分]

〈クッキー生地〉
バター…50g
粉糖…40g
卵黄…1個分
バニラオイル…少々
A ┌ 薄力粉…80g
  │ アーモンドプードル…20g
  │ ベーキングパウダー…小さじ1/3
  └ 塩…ひとつまみ

〈レーズンバター〉
バター…60g
ホワイトチョコレート
　（細かくきざむ）…1枚（40g）
粉糖…10g
レーズン…20g
　ラム酒…小さじ2

ポリ袋（約25cm幅のもの）…1枚

準備

❶クッキー用のバターは、薄めに切って大きめのボールに並べ、室温にもどす（指で押して跡がつくくらいに）。
❷Aは合わせて2回ふるう。
❸レーズンバター用のレーズンは、半分に切ってラム酒をふりかけておく。
❹生地を形作るときに、オーブンは170℃（ガスなら160℃）に予熱する。オーブン皿にオーブンシートを敷く。

クッキー生地を作る

①クッキー用のバターに粉糖を3回に分けて加え、泡立器（またはハンドミキサー）でよくすり混ぜる。白っぽくなったら、卵黄、バニラオイルを順に加えて混ぜる。ゴムべらにかえ、Aを加えて切るように混ぜる。

②生地を押しつけてまとめ、ポリ袋に入れる。めん棒で約23cm角、3〜4mm厚さにのばす。冷蔵庫に1時間以上おいて休ませる（この間にレーズンバターを作る）。（生地は冷凍保存可・約2週間）。

生地を形作り、オーブンで焼く

③ポリ袋を切り開き、その上で型で16枚に抜く（残り生地はまとめて再度のばし、型で抜くか、四角く切り分ける）。

オーブン／170℃（ガス160℃）で約15分焼く。縁に薄く焼き色がついたら、オーブン皿をとり出し、やわらかい生地なのでそのままさます。

レーズンバターを作る

④クリーム用のバターは薄く切って、大きめのボールに並べて室温にもどす（指で押して跡がつくくらいに）。
ホワイトチョコレートは細かくきざみ（上写真）、60℃くらいの湯せんにかけて溶かし、人肌にしておく。

⑤バターを泡立器でよくすり混ぜ、白っぽくなったら、人肌のチョコレートを加えて混ぜる。

P チョコレートの温度が高すぎると（やわらかすぎると）バターが溶けるので、人肌に。

⑥粉糖を加えてすり混ぜる。ラムレーズンを加えてまとめ、小さなボールに移して、冷蔵庫で1時間ほど冷やす。

⑦8等分にして1つずつラップに包み、クッキーよりひとまわり小さめに平たく形をまとめる。冷蔵庫で10分ほど冷やす。

組み立てる

⑧さめたクッキー2枚で⑦をはさむ。食べるまで冷蔵しておく。

※密閉容器で保存（冷蔵で約4日）。

あこがれケーキ

見るだけで
「食べたい！」と思うでしょ。
お好みのお茶を添えて、
至福のひとときをどうぞ。

小さなタルトタタン
Petite Tarte Tatin
sweets cafe recipe 23 p.94

モンブラン
Mont-Blanc
sweets cafe recipe 24 p.98

ぶどうのタルト
Grape tart
sweets cafe recipe 25 p.102

sweets cafe recipe **26** p.106
フォンダン・ショコラ
Fondant au chocolat

sweets cafe recipe **27** p.110
ニューヨークチーズケーキ
New York cheesecake

Petite Tarte Tatin
小さなタルトタタン

タルトタタンは、ぎっしり詰めたりんごの上に
生地をのせて焼き、これを皿に裏返します。
大きいと裏返すときに形くずれする事件が起こりがち。
小さく作るのはアイディアでしょ？
裏返すのがラクで失敗しにくい。そのうえ形がかわいらしい。
りんごの季節のうちの定番です。

エレガントなケーキにはロイヤルミルクティーを。
茶葉は香りがしっかりしたアッサムなどがおすすめです。

Drink recipe｜ロイヤルミルクティー〔2杯分〕／小鍋に湯200mlを煮立てる。茶葉6gを加えて火を止め、ふたをして3分ほどむらす。牛乳100mlを加え、再度弱火で2分ほど煮出してこす。

小さなタルトタタンの作り方

材料
[直径約8cm深さ5cmのココット型*2個分]

〈タルト生地〉
A ┌ 薄力粉…50g
  │ バター…20g
  └ 塩…ひとつまみ
冷水…小さじ2

〈煮りんご〉
りんご**…2個（約500g）
B ┌ 砂糖…35g
  └ レモン汁…大さじ1½

〈カラメルソース〉
C ┌ 砂糖…35g
  └ 水…小さじ½
バター…15g

*耐熱容器。
**りんごは紅玉がおすすめ。なければジョナゴールド、ふじなど。

準備

❶薄力粉は1回ふるう。
❷生地のバター20gは1cm角に切り、冷蔵庫に入れてかたくしておく。
❸型に詰めるときに、オーブンは190℃（ガスなら180℃）に予熱する。

土台のタルト生地を作る

①ボールにAを入れ、ケーキカードでバターをきざみながら薄力粉と混ぜる。バターが5mm角ほどになったら、両手をすり合わせて手早く混ぜ、サラサラの状態にする。冷水を加え、カードで切るように混ぜる。

②生地がしっとりしてまとまってきたら、カードで生地を重ねて押すように集め、ひとつにまとめる。ラップで包み、約2cm厚さの長方形に整える。冷蔵庫に1時間以上おいて休ませる（この間に④と⑤を作る）。

タルト生地を形作る

③生地をめん棒で、10×20cm、約3mm厚さにのばす。ココット型の上部に合わせて丸く切りとり、フォークで穴をあける。使う直前まで冷蔵しておく。

煮りんごとカラメルソースを作る

④ りんごは4つ割りにして皮をむき、1～1.5cm厚さのくし形に切る。鍋（ステンレスまたはホーロー）になるべく平らに並べ入れ、**B**をふりかける。ふたをして強火にかけ、沸騰したら弱めの中火にして、約10分煮る（煮汁はほぼなくなる）。皿にとり出してさます。

⑤ カラメルを作る（型とバターを近くに用意する）。小鍋（直径15cmほど）に**C**を入れ、中火にかける。薄い茶色に色づいてきたら鍋をゆすり、全体の色を均一にする。ほどよい茶色になり始めたら火を止め、バターを加えてすぐ木べらで混ぜる（はねるのでやけどに注意）。すぐココット型に流し入れる。

※土台の生地と煮りんごは冷凍保存できる。それぞれ作り方②と④のあとで冷凍保存可能（約2週間）。前もって冷蔵庫に移して解凍。

型に詰め、オーブンで焼く

⑥ カラメルを入れた型に、煮りんごをすき間なくぎっしりと、九分目まで詰める。土台の生地をココット型にかぶせる。

オーブン／オーブン皿に型をのせ、190℃（ガス180℃）で30～35分焼く（途中、汁が沸いて生地が浮き上がるが大丈夫）。

⑦ 焼きあがったら、オーブンからとり出し、そのまま約10分おいてあら熱をとる。

⑧ 温かいうちに型からとり出す。型の周囲に添ってナイフを1周させ、皿をかぶせて裏返す。皿を型にあてたまま2～3回上下に強くふると、型からはずれる（まだ熱い場合は、手にミトンや軍手をはめると安心）。

Mont-Blanc
モンブラン

フランス語の「白い山」を冠する、栗のケーキ。
日本ではひも状にしぼり出した黄色い栗のクリームケーキが
おなじみでしたが、最近は栗本来の色合いのものが増えていますね。
土台はスポンジやタルトの生地もありますが、
うちのはメレンゲで作る軽い生地。

濃厚なクリームにはさっぱりした紅茶をどうぞ。
お菓子に使うラム酒をたらしてもいいですし、
花やフルーツの香りがついたフレーバーティーを使ってみても。
ティータイムの話題が広がりますよ。

sweets cafe recipe
24

sweets cafe recipe No.24 | Mont-Blanc

How to make →

モンブランの作り方

材料

[6個分]

〈土台*のメレンゲ生地〉
卵白…1個分
グラニュー糖…30g
卵黄…1個分
薄力粉…30g
粉糖…大さじ1

〈ホイップクリームと
　モンブランクリーム〉
生クリーム（乳脂肪分約45％）
　…200㎖
マロンクリーム**…250g
ラム酒…大さじ½

〈飾り用〉
粉糖（飾り用は、溶けないタイプが
　よりよい）…少々

しぼり袋と丸口金（直径1㎝）

*土台を簡易にするなら、市販のカステラやビスケットでも作れる。
**シロップ煮の栗を裏ごしし、なめらかなクリーム状に練ったもの。やわらかく、ホイップクリームと合わせやすい。マロンクリームよりかための「マロンペースト」という商品もあり、間違いやすいので注意。

準備

❶薄力粉は1回ふるう。
❷オーブンは180℃（ガスなら170℃）に予熱する。オーブン皿にオーブンシートを敷く。

土台を作る

①卵白をボールに入れ、ハンドミキサーの低速で泡立てる。全体に白っぽく泡立ち、ふんわりしてきたら（左写真）、グラニュー糖の半量を加えてさらに泡立てる。ミキサーの羽の跡が残るくらいになったら、残りのグラニュー糖を加えて、角がピンと立つまで（右写真）さらに泡立てる。

②別のボールに卵黄を入れてほぐし、泡立て器で、メレンゲをひとすくい加えて混ぜてから、これをメレンゲに入れ、ぐるぐると大きく4〜5回混ぜる（ムラがあってもよい・上写真）。

③ゴムべらにかえ、薄力粉を加えて、底から生地をすくって返すようにして、粉気がなくなるまで混ぜる（多少メレンゲ部分が残っていてもよい・下写真）。

④しぼり袋に口金をセットして③を入れる。オーブンシートに、直径約4cmのうず状に丸くしぼり出し、6個作る。スプーンの背で軽く表面を整え、茶こしで粉糖大さじ1をふる（残り生地は、好みの形にしぼり出して焼く。ジャムをつけて食べるとおいしい）。

オーブンで焼く

オーブン／180℃（ガス170℃）で約10分焼く。
淡い焼き色がついたら焼きあがり。網にとってさます。

ホイップクリームとモンブランクリームを作る

⑤ボールに生クリームを入れ、底を氷水にあてて、ハンドミキサーの中速で角がピンと立つまで泡立てる（ホイップクリーム・左写真）。冷蔵しておく。
⑥別のボールにマロンクリーム、ラム酒を入れて泡立器で混ぜる。⑤のホイップクリームのうち100gを加えて混ぜる（モンブランクリーム・右写真）。氷水にあてておく。

形作る

⑦しぼり袋に口金をセットし、残りのホイップクリームを入れる。メレンゲ生地に等分に（約15gずつ）しぼり出す。

⑧ホイップクリームのまわりに⑥のモンブランクリームをスプーンでのせ、パレットナイフなどで厚めに均一に塗る（トレーの裏にのせて回しながら塗るとやりやすい）。最後にナイフを下から上になぞって山の形に仕上げる。冷蔵庫で1～2時間冷やす。食べる直前に飾り用の粉糖をふる。

Grape tart
ぶどうのタルト

から焼きしたタルトの生地に、アーモンドクリームと
ぶどうを詰めて焼きます。生のフルーツを焼きこむという、
手作りならではのぜいたくが味わえますよ。
タルトの工程は、生地をのばしたり敷き詰めたりに
手数がかかるけれど、その豪華さに人気度が高く、
作りがいのあるお菓子なんです。

ハンドドリップでていねいにいれる
うちのストレートコーヒーを合わせました。
今日は中米グアテマラの豆。
果実のような甘い香りとすっきりとした酸味が特徴です。

sweets cafe recipe **25**

sweets cafe recipe No.25 | Grape tart

ぶどうのタルトの作り方

材料

[直径22cmのタルト型1個分]

〈タルト生地〉
バター…80g
砂糖…25g
粉糖…25g
とき卵…大さじ2（卵約1/2個分）
薄力粉…150g

〈アーモンドクリーム〉
バター…80g
砂糖…70g
とき卵…大さじ2（卵約1/2個分）
（タルト生地に使った残り全量）
A ┌ アーモンドプードル…80g
　└ 薄力粉…10g
ラム酒…大さじ1/2

〈フルーツ〉
ぶどう*…15～20粒
粉糖…少々

ポリ袋（約25cm幅のもの）…1枚
（重し用）金属製耐熱性の丸皿か、専用の重し

＊巨峰やマスカットなど色合いの違うものを2種類使うと彩りが楽しい。種なしのものがよりよい。

準備

❶ タルト用のバターは、薄めに切って大きめのボールに並べて室温にもどす（指で押して跡がつくくらいに）。アーモンドクリーム用のバターは、クリームを作る前に室温にもどす。
❷ 薄力粉、砂糖、Aはそれぞれ1回ふるう。
❸ ぶどうは洗い、皮つきのまま横半分に切り、種があれば竹串などでとり除く。
❹ 形作るときに、オーブンは190℃（ガスなら180℃）に予熱する。

タルト生地を作る

① タルト生地用のバターを泡立器（またはハンドミキサー）でクリーム状にする。砂糖と粉糖をそれぞれ2回に分けて加え、白っぽくなるまで（左写真）よくすり混ぜる。とき卵を2回に分けて加え、そのつど、なめらかになるまでよく混ぜる（右写真）。

② 薄力粉を加え、ゴムべらで切るようによく混ぜる。粉っぽさがなくなってきたら、生地をボールに押しつけてまとめる。

③ 生地を手でまとめて、ポリ袋の中央に入れる。袋の上からめん棒で直径15cmほどの円形にのばす。冷蔵庫に1時間以上おいて休ませる。

形作る

④生地を袋の上から直径約25cmの円形に、型よりひとまわり大きくのばす。

⑤ポリ袋を切り開き、袋の下にめん棒をさし入れて持ち上げ、生地を返すようにして型にのせる。

⑥袋の上から指で押さえながら、型の隅まで生地を敷きこむ（a）。上からめん棒をころがし、ふちの余分な生地を落とす（b）。袋をはずし、フォークで底に穴を開ける（c）。冷蔵庫に少しおいて生地をしっかりさせる。オーブンに入れる前に、底面に薄力粉少々をふって（材料外・またはクッキングシートを敷いて）から、重しをのせる（d）。

タルト生地をオーブンでから焼きする

オーブン／190℃（ガス180℃）で約15分焼く。薄く色づいたら、網にとってさます。

アーモンドクリームを作って詰める

⑦オーブンは予熱する。アーモンドクリーム用のバターを泡立器（またはハンドミキサー）でクリーム状にし、砂糖を2回に分けて加え、白っぽくなるまですり混ぜる（左写真）。とき卵も2回に分けて混ぜ、そのつどなめらかにする。**A**を加え、ゴムべらで切るように混ぜる（右写真）。ラム酒を加えて混ぜる。

⑧さめたタルト生地に⑦を詰める。ぶどうの水気をペーパータオルでとり、切り口を上にして間隔をあけながら並べる。指で軽く押しこむ。

全体をオーブンで焼く

オーブン／180℃（ガス170℃）で40〜45分焼く。

⑨あら熱がとれたら型からはずし、網にとってさます。茶こしで粉糖をふる（賞味は冷蔵庫で翌日くらいまで）。

※タルト生地とアーモンドクリームは、それぞれ、③と⑦の段階で密閉して翌日まで冷蔵保存できる。さらに保存袋に入れ、冷凍保存も可能（約2週間）。前もって冷蔵庫に移してゆっくり解凍する。

Fondant au chocolat
フォンダン・ショコラ

「フォンダン」はフランス語で「とろける」の意味。
割るととろりと流れ出てくるチョコ生地に感動でしょ。
ベースの生地が、ボール1つで作れるのもまた驚きです。
おうちでのバレンタインやおもてなしに、
焼きたての温かいところを、とろりとどうぞ。

チョコレートにコーヒーはよく合います。
思えば、チョコレートの原料のカカオの産地と
コーヒー豆の産地は重なることが多く、相性がよいのもうなずけます。
今日のコーヒー、コロンビアもその産地のひとつ。

sweets cafe recipe
26

sweets cafe recipe No.26 | Fondant au chocolat

フォンダン・ショコラの作り方

材料

[容量約95mlのプリン型4個分]

板チョコレート（ミルク*）
　…1 ½枚（75 g）
バター…70 g
卵…2個
グラニュー糖…35 g
A [薄力粉…15 g
　　ココア**…15 g]

〈飾り用〉
粉糖（溶けないタイプがよりよい）
　…少々
ミント…少々

*味の種類のうちの「ミルク」を使用。好みで「ビター」でも。
**砂糖や乳製品を加えていないもの。ピュアココアともいう。

準備

❶型にバター少々（材料外）を指で薄く塗り、冷蔵庫で冷やしておく。
❷Aは合わせて2回ふるう。
❸オーブンは210℃（ガスなら200℃）と、少し高めに予熱する。

生地を作る

①チョコレートは細かく割る。バターは薄く切る。両方をボールに合わせ、湯せん（60℃くらい）にかけて溶かし、人肌くらいにしておく。ゴムべらでそっと混ぜる。

②型に、茶こしで薄力粉少々（材料外）をふり、余分を落とす。

③大きめのボールに卵をほぐし、グラニュー糖を加えて、大きめの泡立器で、写真のように全体が白っぽい泡になるまですり混ぜる。

④①を加えて混ぜる。

⑤なじんでつやよくなったら、**A**を加え、粉気がなくなるまで混ぜる。

⑥型に生地を等分に入れる。

オーブンで焼く

オーブン／入れたらすぐ、予熱の温度を190℃（ガス180℃）に下げて、約6分焼く。

P 外側にすぐ熱を入れたいので、開閉で温度が下がる分を見越してオーブンは高めに予熱しておく。またオーブンによって温度のばらつきがあるため、⑦のチェックは何度か試してみる。

（中央がふっくらしてくる。とり出して下記の確認をするが、乾いたふきんなどをあて、やけどしないよう注意）

⑦竹串を2か所刺して焼き具合を確認する。「ふちから5mmのところを刺すと、何もつかない。中心に刺すと、とろりとした生地がつく」状態ならできあがり。

⑧熱いうちに、型に皿をかぶせてひっくり返し、型からはずす。粉糖をふり、ミントを飾る。

※さめると中心部分も少し固まってくる。

New York cheesecake
ニューヨークチーズケーキ

sweets cafe recipe 27

クリームチーズとサワークリームがしっかり入り、
濃厚ながら酸味のあるさっぱりとした味わいが人気です。
市販のココアクッキーを土台に使い、
チーズの生地は混ぜるだけだから、かんたんですよ〜。

シナモンコーヒーはいかがでしょう。シナモンをふるだけでも、オレンジマーマレードを加えても。

材料

[直径15cmの底が抜けるステンレスの丸型1個分]

〈チーズケーキ生地〉
クリームチーズ…200g
サワークリーム…100g
砂糖…40g
卵（ときほぐす）…1個

〈土台〉
クリームサンドのココアクッキー
　（市販）＊…9個

＊くずしたクッキーがクリームでまとまるのでクリームごと使う。

準備

❶型に型紙を敷く。
❷チーズはボールに入れ、室温においてやわらかくする。
❸オーブンは170℃（ガスなら160℃）に予熱する。湯せん用に、耐熱性のバット（3〜4cmの深さがあるもの）を用意する。湯を沸かす。

土台を作る

①クッキーはポリ袋に入れ、めん棒などで細かくくだく。型に入れ、ラップをあてて平らなものでしっかり押さえる。冷蔵する。

チーズケーキ生地を作る

②チーズとサワークリームを練り合わせ、生地の材料を順に加えながら、泡立て器でよくすり混ぜる。①の型に流し入れる。

オーブンで焼く

③アルミホイルで型の底と側面をおおう。オーブン皿にバットをのせて型を入れる。バットに熱湯を深さ1cm強までそそぐ（移動時など、やけどに注意）。
オーブン／170℃（ガス160℃）で約25分焼く。
④オーブン内に約1時間おいてむらす。型ごと冷蔵庫で冷やす（ひと晩おいたほうがおいしい）。

ベターホームのお料理教室

ベターホーム協会は1963年に創立。「心豊かな質の高い暮らし」をめざし、日本の家庭料理や暮らしの知恵を、生活者の視点から伝えています。

活動の中心である「ベターホームのお料理教室」は、全国で開催。毎日の食事作りに役立つ調理の知識や知恵、健康に暮らすための知識などをわかりやすく教えています。

資料請求のご案内

お料理教室の開講は、5月と11月。パンフレットをお送りします。
ホームページからもお申込みいただけます。

http://www.betterhome.jp

- 本部事務局　TEL 03-3407-0471
- 大阪事務局　TEL 06-6376-2601
- 名古屋事務局　TEL 052-973-1391
- 札幌事務局　TEL 011-222-3078
- 福岡事務局　TEL 092-714-2411
- 仙台教室　TEL 022-224-2228

ベターホームの　Sweets Cafe Recipe
作って ほめられる お菓子

発行日／2016年10月1日
定価／1100円＋税
編集・発行／ベターホーム協会
　〒150-8363　東京都渋谷区渋谷1-15-12
　TEL:03-3407-0471
　http://www.betterhome.jp

料理研究／ベターホーム協会（吉田栄子ほか）
撮影／松島均
スタイリング／青野康子
デザイン／北路社
イラスト／ふるやますみ

●本書の内容は『月刊ベターホーム』の記事（2012年～2016年）を再編集し、加筆したものです。
ISBN978-4-86586-029-0
本書の無断転載を禁じます。乱丁・落丁はお取替えします。
©The Better Home Association
Printed in Japan